글 박성우

1971년 전북 정읍에서 태어났습니다. 2000년 중앙일보 신춘문예에 시가 당선되고, 2006년 한국일보 신춘문예에 동시가 당선되며 작품 활동을 시작했습니다. 시집 『거미』『가뜬한 잠』 『자두나무 정류장』『웃는 연습』, 동시집 『불량 꽃게』『우리 집 한 바퀴』『동물 학교 한 바퀴』, 청소년시집 『난 빨강』『사과가 필요해』, 산문집 『박성우 시인의 창문 엽서』, 어린이책 『아홉 살 마음 사전』『아홉 살 함께 사전』『아홉 살 내 사전』, 그림책 『암흑 식당』을 냈습니다.

그림 김효은

대학에서 섬유디자인을 전공했고 입필미래그림연구소에서 공부했습니다. 그동안 그림책 『나는 지하철입니다』를 쓰고 그렸고, 『기찬 딸』『비 오는 날에』『별이 뜨는 꽃담』『우리가 걸어가면 길이 됩니다』『민지와 다람쥐』『내 모자야』『오빠와 나』『앵그리 병두의 기똥찬 크리스마스』 『아홉 살 마음 사전』『아홉 살 함께 사전』『아홉 살 내 사전』 등에 그림을 그렸습니다.

아홉 살 느낌 사전

2019년 3월 5일 초판 1쇄 발행
2025년 4월 29일 초판 35쇄 발행

글쓴이 박성우 • 그린이 김효은 • 펴낸이 염종선 • 책임편집 유병록 • 디자인 반서윤 • 조판 신혜원
펴낸곳 (주)창비 • 등록 1986. 8. 5. 제85호 • 제조국 대한민국 • 주소 10881 경기도 파주시 회동길 184
전화 031-955-3333 • 팩스 031-955-3399(영업) 031-955-3400(편집)
홈페이지 www.changbikids.com • 전자우편 enfant@changbi.com

ⓒ 박성우, 김효은 2019
ISBN 978-89-364-4739-7 73710

• 이 책 내용의 일부 또는 전부를 재사용하려면 반드시 저작권자와 창비 양측의 동의를 받아야 합니다.
• 책값은 뒤표지에 표시되어 있습니다. • KC마크는 이 제품이 공통안전기준에 적합하였음을 의미합니다.
• 사용 연령: 5세 이상 • 종이에 베이거나 긁히지 않도록 주의하세요.

아홉 살 느낌 사전

박성우 글 | 김효은 그림

창비

느낌 사전 사용법

자신의 느낌을 말로 표현하는 건 어렵습니다. 자기 느낌이 어떤지 정확하게 알지 못해서이기도 하지만, 느낌을 표현할 말을 알지 못하기 때문이기도 합니다.

『아홉 살 느낌 사전』은 '가렵다'부터 '환하다'까지 느낌을 표현하는 말 80개를 가나다순으로 소개한 책입니다. 감각 표현을 활용하는 상황을 그림과 함께 보여 주면서 그 뜻을 이해할 수 있도록 했습니다.

내 느낌을 표현하는 말: **푹신해**

느낌을 표현하는 말의 뜻: 부드럽고 탄력이 있다. **푹신하다**

표현을 활용할 만한 상황:
새로 산 침대에 누웠어.
'지붕을 뚫고 날아오를 것 같아.'

같은 말로 느낌을 표현할 수 있는 상황들:

아빠 배를 베고 누웠을 때 드는 느낌.
'코만 골지 않는다면 딱 좋은데.'

두꺼운 방석을 깔고 앉았을 때의 느낌.

소파에 누워 텔레비전을 볼 때 드는 느낌.
'에헴, 아빠 자세로 누워 볼까?'

차례

느낌 사전 사용법 · 2

ㄱ-ㄴ

가렵다 · 6
간지럽다 · 8
거칠다 · 10
고되다 · 12
고소하다 · 14
끈적하다 · 16
날카롭다 · 18
납작하다 · 20
널찍하다 · 22
높다랗다 · 24
눈부시다 · 26
느끼하다 · 28

ㄷ

달다 · 30
답답하다 · 32
더럽다 · 34
더부룩하다 · 36
두툼하다 · 38
듬성듬성하다 · 40
따갑다 · 42
따끈하다 · 44
따끔하다 · 46
딱딱하다 · 48
떫다 · 50
띵하다 · 52

ㅁ-ㅂ

마렵다 · 54
말랑말랑하다 · 56
매캐하다 · 58
메스껍다 · 60
무덥다 · 62
묵직하다 · 64
미끄럽다 · 66
미지근하다 · 68
보송보송하다 · 70
부드럽다 · 72
비리다 · 74
비좁다 · 76
빳빳하다 · 78
빼곡하다 · 80
뻐근하다 · 82
뽀얗다 · 84
뾰족하다 · 86

ㅅ

소란스럽다 · 88
숨차다 · 90
시다 · 92
시리다 · 94
시원하다 · 96
싱겁다 · 98
싱싱하다 · 100
쌀쌀하다 · 102
쑤시다 · 104
쓰다 · 106

ㅇ

아프다 · 108
야트막하다 · 110
어두컴컴하다 · 112
어수선하다 · 114
어지럽다 · 116
얼룩덜룩하다 · 118
얼얼하다 · 120
우중충하다 · 122
울긋불긋하다 · 124
울퉁불퉁하다 · 126
으스스하다 · 128

ㅈ-ㅊ

잔잔하다 · 130
저리다 · 132
질기다 · 134
질다 · 136
짜다 · 138
쪼글쪼글하다 · 140
쫄깃쫄깃하다 · 142
찌릿하다 · 144
차갑다 · 146
촉촉하다 · 148
촘촘하다 · 150
출출하다 · 152

ㅍ-ㅎ

평평하다 · 154
포근하다 · 156
푹신하다 · 158
향긋하다 · 160
헐렁하다 · 162
환하다 · 164

가려워

머리를 감지 않았더니 자꾸 긁고 싶어.

'학교 갔다 와서 감아야지.'

살갗이 근질거려서 긁고 싶은 느낌이 있다.　**가렵다**

모기에 물렸을 때의 느낌.

"으악! 아빠, 왜 침을 바르고 그래?"

다친 데가 아물어 갈 때 드는 느낌.

'조금만 더 참으면 딱지가 떨어질 거야.'

아토피 피부염 때문에 팔을 긁고 싶은 느낌.

'꾹 참고 연고를 발라야지.'

간지러워

재채기가 나오려고 해.
'콧물을 손등으로 닦지 말고 휴지로 닦아야지.'

무엇이 살갗에 닿아 참을 수 없는 느낌이 있다.　**간지럽다**

엄마가 내 겨드랑이에 손을 넣고 장난칠 때 드는 느낌.
"아까 큰 소리로 잔소리해서 미안해."
"아니야, 내가 잘못한 거잖아. 나, 아까 화 풀렸어."

"자, 이제 아빠 차례야. 발바닥 내밀어."
아빠랑 웃음 참기 시합할 때의 느낌.

강아지가 내 얼굴을 핥을 때 드는 느낌.
"아롱아, 그만 잠 좀 자자."

거칠어

엄마가 타월로 내 등을 박박 문질렀어.

"내가 뭐 잘못한 거 있어? 나한테 왜 그래?"

겉이 곱지 않고 험하다. **거칠다**

소나무 껍질을 만질 때 드는 느낌.

계곡에 있는 돌을 만져 볼 때 드는 느낌.
'바닷가에서 가지고 놀던 돌이랑은 좀 다르네.'

오랫동안 농사지은 할아버지 손을 잡았을 때의 느낌.

고돼

학교 끝나자마자 학원으로 가야 해.

'빨리 어른이 되면 좋겠어.'

하는 일이 몹시 힘들다. **고되다**

수학 문제를 세 장이나 풀어야 할 때 드는 느낌.
'내 생각에는 공부하는 게 제일 힘든 거 같아.'

이사를 하고 나서 하루 종일 방을 정리할 때의 느낌.
'내 짐이 이렇게 많았나?'

다섯 시간이나 차를 타고 갈 때 드는 느낌.
'왜, 차 밀릴 때만 할머니 집에 가는 거지?'

고소해

바삭바삭한 김에 밥을 싸서 먹었어.

참기름이나 깨소금에서 나는 맛이나 냄새와 같다. **고소하다**

외할머니가 만든 깨강정을 먹을 때 드는 느낌.
"엄마도 이거 만들 수 있어?"

아빠가 요리한 볶음밥을 먹을 때 드는 느낌.
'아빠 요리는 참기름을 넣어야 끝나.'

깻잎으로 쌈을 싸서 먹을 때의 느낌.

끈적해

동생이 먹다 뱉은 사탕을 주웠어.
"야, 맛없다고 뱉어 버리면 어떡해?"

척척 달라붙는 성질이 있다. **끈적하다**

땀에 젖은 옷이 등에 달라붙을 때의 느낌.

'얼른 옷부터 갈아입어야겠어.'

갯벌에 빠지면서 조개 잡기 체험을 할 때 드는 느낌.

"우리 그냥 조개 사 먹으면 안 돼?"

딱풀을 손가락 끝으로 만져 볼 때의 느낌.

날카로워

장난을 치다가 유리병을 깨뜨리고 말았어.

날이 서 있거나 끝이 뾰족하다. **날카롭다**

부엌에 있는 칼을 볼 때 드는 느낌.
"엄마, 나는 그거 만지는 거 아니지?"

미용실에 가서 머리카락을 자를 때의 느낌.
'가위는 소리도 뾰족한 거 같아!'

옷핀에 손이 찔릴 것 같을 때 드는 느낌.

납작해

동생이 실수로 찐빵을 깔고 앉았어.

"엄마, 이거 먹을래? 새로 나온 찐빵 호떡이야!"

물건이 얇고 판판하면서 옆으로 퍼져 있다. `납작하다`

우유를 다 먹고 나서 우유갑을 접었을 때의 느낌.

외할머니가 만들어 준 부침개를 볼 때 드는 느낌.

자동차가 밟고 지나간 깡통을 바라볼 때 드는 느낌.

널 찍해

이모랑 함께 지내던 방을 혼자 쓰게 되었어.

"이모, 결혼하니까 좋아?"

물건이나 장소가 꽤 넓은 듯하다. **널찍하다**

할머니 집 마루에 드러누울 때의 느낌.

자려고 이불을 폈을 때의 느낌.
'이제 이런 건 혼자 할 수 있어.'

교실에서 운동장을 바라볼 때 드는 느낌.
'다리가 얼른 나아서 친구들이랑 같이 뛰어놀고 싶어.'

높다래

하늘을 나는 비행기를 바라보았어.
'왜 비행기를 보면 손을 흔들어 주고 싶지?'

아래에서 위까지의 길이가 썩 길다. **높다랗다**

대추가 주렁주렁 매달린 나무를 올려다볼 때의 느낌.

아빠랑 같이 올라가야 할 산을 바라보는 느낌.
'언제 저 꼭대기까지 올라가지?'

전봇대를 올려다보는 느낌.
'전봇대 가까이에 가는 건 위험해.'

눈부셔

새해 첫날, 해 뜨는 걸 바라보았어.

'엄마, 아빠가 나를 바라볼 때도 이런 느낌이겠지?'

눈이 시릴 만큼 빛이 아주 밝다. **눈부시다**

골목길에서 자동차가 불빛을 켜고 달려올 때의 느낌.
'옆으로 비켜서야겠어.'

나뭇잎 사이로 반짝이는 봄 햇살을 바라볼 때 드는 느낌.

갑자기 카메라 플래시가 터질 때의 느낌.
'다음번에는 눈 감지 말아야지.'

느끼해

비계가 잔뜩 붙은 돼지고기를 먹었어.

음식에 기름기가 많아서 먹고 싶은 마음이 들지 않다.　　느끼하다

참치 통조림에 든 국물을 떠먹어 봤을 때 드는 느낌.

'이게 참치 기름인가.'

버터가 잔뜩 들어간 요리를 먹을 때의 느낌.

아침, 점심에 고기를 잔뜩 먹었는데

저녁에 또 고기를 먹을 때의 느낌.

달아

아홉 개 촛불을 끄고

생크림 케이크를 혀로 천천히 녹여 먹었어.

꿀이나 설탕의 맛과 같다. `달다`

엄마가 잘라 주는 수박을 먹을 때의 느낌.

동생이랑 같이 초콜릿을 먹을 때 드는 느낌.
"많이 먹으면 배 아플지도 모르니까 오빠가 다 먹어 줄게."

외할머니가 작은 숟가락으로 떠 주는
꿀을 먹어 볼 때 드는 느낌.

답답해

밤인데도 더워서 잠들 수가 없어.

'왜 하필 이렇게 더운 날 에어컨이 고장 난 거야…….'

가슴이나 배 속이 꽉 막힌 듯 숨을 쉬기가 어렵다. `답답하다`

몸에 꽉 끼는 옷을 입었을 때 드는 느낌.

'아, 숨 쉬기가 힘들어.'

콧물이 나와서 자꾸 코가 막힐 때의 느낌.

감기에 걸려서

마스크를 쓰고 밖을 돌아다닐 때의 느낌.

더러워

친구의 입에서 나온 밥알이 나한테 튀었어.

"괜찮아. 일부러 그런 건 아니잖아."

때나 흙, 먼지 등이 있어 지저분하다.   **더럽다**

오줌 싸고 손도 안 씻은 동생이
밥을 먹으려고 할 때의 느낌.

손톱 밑에 때가 잔뜩 끼었을 때 드는 느낌.
'엄마한테 손톱을 깎아 달라고 해야겠어.'

내가 벗어 놓은 양말을 강아지가 핥으려고 할 때의 느낌.
"다롱아, 이건 먹는 거 아니야."

더부룩해

동생 과자까지 다 먹어 버렸어.

'다음부터는 너무 욕심부리지 말아야지.'

소화가 잘 안 되어 배 속이 편하지 않다. `더부룩하다`

수업 시간에 갑자기 속이 불편할 때 드는 느낌.

"선생님, 배가 이상해서 보건실에 가야겠어요."

치킨과 콜라를 잔뜩 먹고 나서 친구들과 축구할 때의 느낌.

'좀 쉬면 괜찮아지려나?'

밥을 먹고 바로 잠들었다가 일어났을 때 드는 느낌.

두툼해

채소랑 고기가 잔뜩 든 샌드위치를 먹었어.
'입을 얼마나 크게 벌려야 하지?'

보통보다 꽤 두껍다. **두툼하다**

엄마가 감기 걸린 동생에게 옷을 여러 겹 껴입힐 때의 느낌.
'점점 눈사람이 되어 가는군.'

세뱃돈 봉투를 잔뜩 받았을 때 드는 느낌.
'할머니, 할아버지, 삼촌, 고모도 주고
외할머니, 외삼촌, 큰이모도 주고……. 아이코, 꿈이네.'

새로 꺼낸 겨울 이불을 덮었을 때 드는 느낌.

듬성듬성해

얼마 안 남은 할아버지 머리카락을 보았어.

사이가 꽤 멀게 흩어져 있다. `듬성듬성하다`

사과가 열 개도 안 열린 사과나무를 볼 때의 느낌.
'태풍 때문인가? 작년에는 다 못 셀 만큼 열렸는데.'

버스에 탔는데 사람이 몇 명만 앉아 있을 때 드는 느낌.

엄마가 해 준 강낭콩 밥에
강낭콩이 거의 안 들어 있을 때 드는 느낌.
'아빠 밥에는 엄청 많이 들었네.'

따가워

한여름 대낮에 모래밭을 맨발로 걸었어.
'안 되겠어. 얼른 샌들을 신어야겠어.'

살을 찌르는 듯이 괴로운 느낌이 있다.　　따갑다

해수욕장에서 물놀이를 실컷 하고 난 뒤에 드는 느낌.
'엄마가 선크림 바르라고 할 때 말을 들을걸.'

목감기에 걸려 침 삼키기도 힘들 때의 느낌.
"나한테 말 걸지 마. 말하기 힘들어."

양파를 까는 엄마 옆에 있을 때 드는 느낌.
"난 눈 뜨기도 힘든데 엄마는 괜찮아?"

따끈해

모락모락 김이 피어오르는 팥죽을 먹었어.

느낌이 좋게 꽤 따뜻하다. **따끈하다**

눈사람을 만들며 놀다가 집에 들어갔을 때의 느낌.
'눈사람은 여기에서 살 수 없겠군!'

"아이, 추워. 우리 분식집에 들어가자!"
엄마랑 같이 어묵 국물을 먹을 때 드는 느낌.

추운 겨울날, 이불 속에 들어가 있을 때 드는 느낌.
'스르르 잠이 들 것 같아.'

따끔해

장미를 꺾으려다 가시에 찔렸어.

바늘에 찔리거나 꼬집히는 것처럼 아프다.　`따끔하다`

벌에 쏘였을 때 드는 느낌.
'이런 경험은 해 보지 않는 게 좋아.'

주사를 맞을 때의 느낌.
'금방 끝날 테니까 씩씩하게 맞을 거야.'

밤송이에 찔렸을 때 드는 느낌.

딱딱해

할머니 집 마루에서 나무 베개를 베고 누웠어.

무척 굳고 단단하다. `딱딱하다`

냉동실에서 꺼낸 떡을 깨물었을 때 드는 느낌.
'이가 부러질 것 같아.'

방석을 깔지 않은 나무 의자에 앉았을 때 드는 느낌.

'이 껍데기를 어떻게 뚫고 싹이 나지?'
복숭아씨나 살구씨를 만져 볼 때의 느낌.

떫어

덜 익은 감을 먹었어.
"엄마, 목이 꽉 막히는 것 같아."

덜 익은 감처럼 거세고 텁텁한 맛이 나다.   **떫다**

껍질을 깎은 지 얼마 안 된 곶감을 먹었을 때의 느낌.
'아, 이래서 할머니가 아직 먹지 말라고 했구나.'

'음, 맛이 왜 이러지?'
블루베리인 줄 알고 아로니아를 입에 넣었을 때 드는 느낌.

외할아버지가 마시는 감잎차를 마셔 봤을 때의 느낌.

띵해

친구랑 머리를 쿵 부딪쳤어.

"괜찮아? 기절한 거 아니지?"

머리가 울리는 듯이 아프고 얼떨떨하다. **띵하다**

게임하느라 잠을 제대로 못 잤을 때의 느낌.
'머리가 계속 울리는 것 같아.'

막대 아이스크림을 막 빨리 깨물어 먹을 때 드는 느낌.

실수로 철봉에 머리를 부딪쳤을 때 드는 느낌.
'새들이 머릿속에서 빙빙 도는군.'

마려워

고속도로 휴게소 화장실 앞에서 줄을 서 있었어.
"차례대로 줄을 선 건데 왜 새치기하는 거예요!"

똥이나 오줌을 누고 싶은 느낌이 있다.　**마렵다**

엉덩이에 자꾸 힘이 들어갈 때 드는 느낌.
'선생님한테 얘기하고 화장실에 갔다 와야 하나?
아니면 수업 끝나고 가야 하나?'

자다가 오줌이 누고 싶어서 깼을 때의 느낌.
'얼른 화장실 갔다 와서 더 자야지.'

오줌을 못 싸서 다리가 자꾸 꼬아질 때 드는 느낌.
"말 걸지 마. 아이참, 말 걸지 말라니까!"

말랑말랑해

엄마가 구워 준 빵을 만져 보았어.

"음, 냄새 좋다. 지금 먹어도 돼요?"

손가락으로 누르면 들어갈 듯이 보드랍고 무르다. `말랑말랑하다`

동생이 가지고 노는 고무공을 만질 때 드는 느낌.

포도 맛 젤리를 입 속에 넣을 때 드는 느낌.

"엄마, 동생이 자꾸 배 내밀고 장난쳐요!"
동생 배를 살짝 눌러 봤을 때의 느낌.

매캐해

고등어가 타서 부엌이 연기로 가득 찼어.
'얼른 창문을 열어야겠어.'

연기나 곰팡이 따위의 냄새가 맵고 싸하다. **매캐하다**

모닥불이 잘 타지 않고 연기만 날 때의 느낌.
"아빠, 나무가 젖어서 잘 안 타는 거야?"

길에서 담배 피우는 아저씨 앞을 지나갈 때 드는 느낌.

미세 먼지가 잔뜩 낀 날 학교에 갈 때의 느낌.
'아, 주머니에 마스크가 있지!'

메스꺼워

음식을 잔뜩 먹고 나서 놀이기구를 탔더니
토할 것만 같았어.

배 속이 몹시 울렁거려서 토할 것 같은 느낌이 있다. **메스껍다**

제자리에서 오래 돌기 시합을 할 때 드는 느낌.

섬으로 가는 배 안에서 속이 울렁거릴 때의 느낌.
'이제 거의 다 왔겠지?'

상한 음식을 잘못 먹었을 때 드는 느낌.
'다음부터는 꼭 유통 기한을 확인하고 먹어야지.'

무더워

한여름에 차비까지 털어서 아이스크림을 사 먹고
언니랑 집까지 걸어서 갔어.

견디기 어려울 정도로 찌는 듯이 덥다. **무덥다**

가만히 있는데도 땀이 날 때 드는 느낌.
"엄마, 그냥 두기만 할 거면 에어컨은 왜 샀어?"

해가 쨍쨍 떠 있는 대낮에 버스를 기다릴 때의 느낌.
'아무리 부채를 부쳐도 시원해지지 않아.'

토마토를 키우는 비닐하우스에 들어갔을 때 드는 느낌.
'난 숨을 쉬기도 힘든데 여기서 일을 하다니.'

묵직해

유치원 때부터 모은 돼지 저금통을 들어 보았어.

무게가 꽤 많이 나가다. **묵직하다**

마트 갔다 오는 길에 아빠의 장바구니를 들어 볼 때 드는 느낌.
"역시, 우리 아빠는 힘이 세!"

베란다에 있는 공구함을 들 때의 느낌.
'망치가 들어 있어서 그런가?'

이모가 사 온 수박을 들어 볼 때의 느낌.
"엄마, 얼른 먹자!"

미끄러워

얼음판 위를 천천히 걸었어.

'내가 얼음 공주라면 여기서 춤도 출 수 있을 텐데.'

거침없이 저절로 밀려 나갈 정도로 반들반들하다.   `미끄럽다`

눈이 내려서 얼어붙은 계단을 내려갈 때 드는 느낌.
'뛰지 말고 천천히 가야지.'

동생이랑 미끄럼틀을 타고 놀 때 드는 느낌.
"오빠가 잡아 줄 테니까 씽 내려와 봐."

거품 묻은 손으로 물건을 잡으려고 할 때의 느낌.

미지근해

냉장고에서 꺼낸 지 오래된 음료수를 마셨어.

따뜻한 기운이 조금 있다.　　**미지근하다**

따뜻한 물에 찬물을 붓고 만져 볼 때 드는 느낌.
"야옹아, 얼른 이리 와. 발 닦아 줄게."

목욕 안 하겠다고 계속 떼쓰다가 목욕물에 들어갈 때의 느낌.
'더운물 좀 더 받아 달라고 말할까?'

"조금만 기다려. 오빠가 맘마 줄게."
동생에게 먹일 죽을 식힐 때 드는 느낌.
'후, 후, 너무 식혔나?'

보송보송해

햇볕에 잘 말린 이불을 걷었어.

"엄마, 나도 빨래 개는 거 도와줄게."

물기 없이 잘 말라서 보드랍다. `보송보송하다`

세수를 하고 나서 내 얼굴을 만져 보는 느낌.
'이렇게 예쁜 공주는 어디에서 온 걸까?'

새 이불을 덮고 자려고 할 때 드는 느낌.
"엄마, 아빠도 예쁜 꿈 꿔!"

"엄마가 목욕시켜 준 거야?"
우리 집 털북숭이 고양이를 만져 볼 때의 느낌.

부드러워

강아지 머리를 쓰다듬어 주었어.

빳빳하거나 거칠지 않고 매끄럽고 연하다. `부드럽다`

갓난아기의 손을 잡을 때의 느낌.

치즈 떡볶이에 들어 있는 치즈를 먹을 때 드는 느낌.

엄마 머리카락을 만져 보는 느낌.
'음, 뭔가 좋은 냄새도 나는 거 같아.'

비려

아빠가 요리를 하려고 생선을 손질했어.

날콩이나 물고기에서 나는 역한 맛이나 냄새가 있다. `비리다`

멸치 만진 손을 코에 대어 볼 때 드는 느낌.

삶지 않은 완두콩을 깨물어 볼 때의 느낌.
'진짜, 생선 냄새 같은 게 나네.'

"맛이 좀 이상하지?"
아빠가 만든 꽁치조림을 먹을 때 드는 느낌.
"그래도 또 해 줘요, 아빠."

비좁아

작은 텐트에서 식구들과 함께 잤어.
"그래도 좋아요. 다음에 또 캠핑 와요."

움직이기 어려울 정도로 자리가 무척 좁다. `비좁다`

사람으로 가득 찬 지하철을 타고 갈 때의 느낌.

'앞이 하나도 안 보여.'

마을버스 의자 하나에 동생이랑 같이 앉았을 때 드는 느낌.

친척 언니들, 오빠들이랑 한방에 모여서 놀 때 드는 느낌.

빳빳해

세뱃돈으로 받은 새 돈을 만져 보았어.
'설날이 1년에 다섯 번쯤 있으면 좋겠어.'

휘어지거나 구부러지지 않을 정도로 단단하게 굳어 있다.　빳빳하다

그림책 표지를 만져 볼 때의 느낌.
'아, 책이 구겨지지 말라고 이렇게 만든 거구나.'

꽁꽁 언 빨래를 만져 보는 느낌.
'겨울바람이 추워서 옷 속으로 들어갔다가 얼었나?'

새로 받은 교과서를 만져 보는 느낌.

빼곡해

추석에 기차를 타려고 서울역에 갔어.

'와, 사람들 좀 봐!'

어떤 공간에 사람이나 물건 등이 가득 들어차 있다.　**빼곡하다**

한참이나 줄을 서 있다가 수영장에 들어갈 때 드는 느낌.
'와, 사람 엄청 많다. 서서 수영을 해야 할 것 같아.'

도서관에 가득 꽂힌 책을 볼 때의 느낌.
'나도 나중에 멋진 책을 써야지.'

마트 진열대에 쌓여 있는 과자 상자를 볼 때 드는 느낌.

뻐근해

축구 시합을 한 다음 날 간신히 일어났어.
'다리가 잘 움직여지지 않아.'

근육이 뭉쳐서 몸을 움직이는 게 자유롭지 못하다. `뻐근하다`

하루 종일 대청소를 하고 난 뒤에 드는 느낌.

달리기를 연습한 뒤에 드는 느낌.
'비록 꼴찌를 한다고 해도 열심히 해야지.'

"할머니, 저도 할래요!"
밭에 가서 고추 따기를 해 본 뒤에 드는 느낌.

뽀얘

비 오는 날, 김이 서린 유리창을 보았어.
'손가락으로 하트를 그려야지.'

연기나 안개가 낀 것처럼 흐릿하거나 조금 하얗다. `뽀얗다`

쌀 씻을 때 나오는 쌀뜨물을 볼 때 드는 느낌.

"할머니, 또 이 국이야?"
할머니가 끓여 주는 곰탕을 먹을 때의 느낌.

눈싸움하다가 집 안으로 들어갈 때 드는 느낌.
'안경에 김이 서려서 아무것도 안 보여.'

뾰족해

아빠가 연필을 깎아 주었어.
'나중에 나도 어른이 되면 연필을 잘 깎을 수 있겠지?'

물체의 끝이 점차 가늘어져서 날카롭다.　`뾰족하다`

생일 파티 때 쓰는 고깔모자를 볼 때 드는 느낌.

'아빠가 내 생일 모자를 써 보고 난 다음에 모자가 터졌어.'

공구함에 들어 있는 송곳을 바라볼 때의 느낌.

'이건 위험하니까 만지지 말아야지!'

동물원에서 호랑이 이빨을 볼 때 드는 느낌.

소란스러워

쉬는 시간에 애들이 막 떠들었어.

시끄럽고 어수선하다. **소란스럽다**

고모 따라서 축제 구경 갔을 때의 느낌.
"고모는 왜 자꾸 사람 많은 데만 골라서 들어가?"

오늘 처음 문을 연 마트에 갔을 때 드는 느낌.
"아빠는 사은품이 그렇게 좋아?"

오빠가 친구들과 수다를 떨 때의 느낌.
'피, 나도 같이 안 놀아 줄 거야.'

숨차

한 번도 쉬지 않고 줄넘기를 스무 개나 했어.

숨이 가빠서 숨을 쉬기가 어렵다. `숨차다`

상장을 자랑하려고 집으로 뛰어갈 때 드는 느낌.

'헉, 아무도 없네!'

아파트 엘리베이터가 고장 나서

7층까지 걸어서 올라갈 때의 느낌.

버스를 타려고 정류장으로 뛰어갈 때 드는 느낌.

'이번에도 한발 늦었어.'

시어

엄마가 생선에 뿌리려고 잘라 둔
레몬 한 조각을 먹어 보았어.

식초와 같은 맛이 있다. **시다**

덜 익은 살구를 먹었을 때 드는 느낌.

'살구처럼 생긴 행성이 분명 있을 거야!'

할머니 집에서 매실을 먹어 봤을 때의 느낌.

오래된 김치를 먹었을 때 드는 느낌.

시려

장갑을 끼지 않고 눈싸움을 했어.

찬 기운으로 인해 춥거나 아프다. **시리다**

겨울바람이 세게 부는 날
털모자를 쓰지 않고 학교에 갈 때 드는 느낌.
'자꾸 손바닥으로 귀를 덮고 걷게 돼.'

얼음을 마구 깨물어 먹을 때의 느낌.
'이가 좀 이상해.'

신발이 젖은 채로 눈길을 걸을 때 드는 느낌.

시원해

땀을 흘리며 집에 오다가 아이스크림을 사 먹었어.
'아이스크림 가게가 우리 집이면 좋겠어.'

더위를 식힐 정도로 기분 좋게 선선하다. **시원하다**

해가 쨍쨍한 여름에 나무 그늘로 들어가 쉴 때 드는 느낌.

'나무야, 여기 있어 줘서 고마워.'

여름밤에 엄마, 아빠랑 바람 부는 바닷가를 걸을 때의 느낌.

"아빠, 이럴 땐 엄마 손을 예쁘게 잡고 걸어야지."

외할머니가 만든 오이냉국을 먹을 때 드는 느낌.

싱거워

아빠가 끓인 콩나물국을 먹었어.
"아빠, 소금 넣은 거 맞아?"

음식에 짠맛이 거의 없다. **싱겁다**

간장이 조금밖에 안 들어간 미역국을 먹을 때 드는 느낌.

고기를 소금장에 찍지 않고 그냥 먹을 때 드는 느낌.

엄마가 소금을 조금만 넣고 한 호박전을 먹을 때의 느낌.
'어, 아빠는 간장을 찍어 먹네?'

싱싱해

비 온 다음 날 주말농장에 갔어.
'와, 옥수숫대 키가 나보다 더 커졌어.'

시들거나 상하지 않고 생기가 있다. **싱싱하다**

베란다 화분에 물을 주고 난 다음에 드는 느낌.

바닷가 시장에서 생선을 봤을 때의 느낌.

텃밭에서 따 온 상추를 볼 때 드는 느낌.
'삼겹살 싸서 먹으면 맛있겠다!'

쌀쌀해

바람 부는 가을날 아침에 학교에 갔어.
'아빠 말 듣고 두꺼운 점퍼를 입을걸.'

춥게 느껴질 만큼 꽤 차다. **쌀쌀하다**

가을밤에 창문을 열었을 때 드는 느낌.

'창문을 열고 자면 감기에 걸릴 거야.'

비를 맞고 집에 왔을 때 드는 느낌.

'다음에는 우산을 꼭 챙겨야지.'

늦가을 저녁에 아빠랑 산책할 때의 느낌.

'엄마가 챙겨 준 옷을 입기를 잘했어.'

쑤셔

몸살감기에 걸려서 병원에 갔어.

바늘로 찌르는 것처럼 아프다. `쑤시다`

감기에 걸렸는데도 밖에 나가서 놀 때 드는 느낌.
'안 되겠어. 그만 들어가야 할 것 같아.'

공차기하다가 다리를 다쳤을 때 드는 느낌.
'엄마랑 같이 병원에 가 봐야겠어.'

침대에서 장난치다 떨어졌을 때의 느낌.

써

커피를 호로록 마셔 봤어.
"이모는 이게 진짜 맛있어서 먹는 거야?"

한약 같은 맛이 있다.　쓰다

감기약을 먹어야 할 때 드는 느낌.
"저도 꿀꺽 삼키고 싶지만 잘 안 넘어가요."

아빠가 먹는 한약을 맛볼 때의 느낌.
'이걸 어떻게 잘 먹지?'

인삼 캐기 체험장에서 인삼 뿌리를 먹어 볼 때의 느낌.
"아빠가 내 것까지 먹어."

아파

스케이트를 타다가 넘어질 뻔한 동생을 잡아 주다가

오히려 내가 넘어지고 말았어.

몸에 이상이 생겨 몹시 괴롭고 힘들다. **아프다**

칼로 연필을 깎다가 손을 베었을 때의 느낌.
'앞으로는 연필깎이로 깎거나 아빠한테 깎아 달라고 해야지.'

배탈이 나서 배를 움켜쥘 때의 느낌.
'참지 말고 얼른 얘기해야겠어.'

문틈에 손가락이 끼였을 때 드는 느낌.
'다음부터는 조심해야지.'

야트막해

자전거를 타고 쉽게 오를 수 있는 언덕길을 보았어.
'일곱 살 때는 자전거를 끌고 올라왔는데.'

밑에서 위까지의 길이가 짧은 듯하거나 그다지 높지 않다. **야트막하다**

두 발로 폴짝 뛰어넘을 수 있는 담장을 볼 때의 느낌.
'그래도 엄마가 뛰어넘지 말라고 했으니까 하지 말아야지.'

지붕이 낮은 집을 바라볼 때 드는 느낌.

내가 한 번도 안 쉬고 오를 수 있는 작은 산을 볼 때 드는 느낌.
'이 정도는 뒤로 걸어서도 올라갈 수 있어.'

어두컴컴해

가로등이 고장 난 골목길을 걸어갔어.

빛이 거의 없이 아주 어둡다. **어두컴컴하다**

화가 나서 불을 끄고 방에 앉아 있을 때 드는 느낌.
'엄마가 왜 나를 부르러 안 오지?'

장롱에 들어가 봤을 때의 느낌.
'그땐 내가 참 어렸지. 여섯 살 때였나?'

동굴 안쪽을 들여다볼 때 드는 느낌.
'혹시 여기에 황금 박쥐가 살지 않을까?'

어수선해

학교에 갔다 왔더니 내 방이 어질러져 있었어.
'범인은 분명 동생이야.'

여러 가지가 얽히고 뒤섞여 마구 헝클어져 있다.   **어수선하다**

음식 재료를 잔뜩 꺼내 놓은 아빠가
이리저리 왔다 갔다만 하고 요리는 못 할 때 드는 느낌.
"아빠, 그냥 시켜 먹으면 안 될까?"

엄마가 옷장 정리를 한다며 옷을 다 꺼내 놓을 때의 느낌.

아빠랑 신문지 말아 던지기 시합을 한 뒤에 드는 느낌.
'엄마 오기 전에 빨리 치워야지.'

어지러워

아빠랑 코끼리 코 잡고 돌기 시합을 했어.

몸을 바르게 할 수 없을 만큼 정신이 흐릿하다. **어지럽다**

빙글빙글 도는 놀이기구를 탈 때 드는 느낌.

지구본을 빙빙 돌리면서 머리도 빙빙 돌려 볼 때의 느낌.

'내가 이걸 왜 하고 있지?'

한여름 땡볕 아래서 오래 놀 때 드는 느낌.

'볕이 뜨거울 때는 집에서 엄마, 아빠랑 놀아야 해.'

얼룩덜룩해

갯벌 체험을 하고 나왔어.

'얼른 옷부터 갈아입어야겠어.'

여러 가지 빛깔의 얼룩이 묻어 고르지 않은 무늬를 만들다. **얼룩덜룩하다**

자동차가 흙탕물을 튀기고 지나갈 때 드는 느낌.
'너무해. 오늘 처음 입은 새 옷인데…….'

동물도감에 나오는 뱀을 볼 때 드는 느낌.
'이 뱀은 검은색 무늬랑 회색 무늬가 막 섞여 있네.'

서툰 젓가락질로 짜장면을 먹는 동생을 바라볼 때의 느낌.
"얼굴 내밀어 봐. 형이 닦아 줄게."

얼얼해

아빠가 김치를 잘 먹어야 놀이공원에 데려간다고 해서
김치를 잔뜩 먹었어.

심한 자극이나 상처로 인해서 아리고 쓰리다. **얼얼하다**

미끄러져서 엉덩방아를 찧을 때 드는 느낌.

"으악, 내 엉덩이 살려."

아빠처럼 삼겹살에 마늘 조각을 얹어

쌈을 싸서 먹을 때의 느낌.

"물, 물, 물!"

삼촌이 악수를 한다면서 내 손을 꽉 쥐었을 때 드는 느낌.

우중충해

먹구름이 낀 하늘을 바라보았어.

'곧 비가 내릴 것 같아.'

날씨가 어둡고 침침하거나 색이 바래서 선명하지 못하다. **우중충하다**

장마라서 며칠째 계속 비가 올 때 드는 느낌.

'언제 밖에 나가서 놀 수 있을까?'

페인트칠이 벗겨진 낡은 담을 볼 때 드는 느낌.

아빠가 끝까지 입겠다는 오래된 옷을 봤을 때의 느낌.

"아빠, 색깔이 많이 바랬잖아!"

울긋불긋해

아빠랑 산에 갔다가 단풍이 든 나무들을 보았어.

여러 빛깔이 야단스럽게 뒤섞여 있다. **울긋불긋하다**

빨강, 분홍, 노랑, 보라…….

색종이로 꽃을 만들 때 드는 느낌.

'이렇게 생긴 꽃이 있었나?'

딸기 그림이랑 수박 조각 그림이 잔뜩 그려진

양말을 볼 때 드는 느낌.

꽃 박람회에 가서 꽃길을 걸을 때의 느낌.

"엄마, 저 빨간 꽃 이름이 뭐야?"

울퉁불퉁해

자전거를 타고 자갈이 깔린 길을 지나갔어.

여기저기 나오고 들어간 데가 있다. **울퉁불퉁하다**

힘이 잔뜩 들어간 아빠 팔을 만질 때의 느낌.
"아빠, 이게 근육이야? 엄마도 번쩍 들 수 있어?"

도깨비방망이를 볼 때 드는 느낌.

땅콩 조각이 다닥다닥 붙은 초코 과자를 볼 때의 느낌.

으스스해

엄마, 아빠랑 동굴 속 깊은 곳으로 들어갔어.
"뭔가 똑똑 떨어지는 소리가 들려!"

차거나 싫은 것이 몸에 닿았을 때 소름이 돋는 듯하다. **으스스하다**

누나가 내 등에 찬물을 흘렸을 때 드는 느낌.

"아이, 깜짝이야!"

'귀신의 집'에서 엄마가 갑자기 내 팔을 잡아당길 때의 느낌.

"귀신한테 붙잡힌 줄 알았잖아."

오빠가 손을 내밀어 보라고 하더니

갑자기 지렁이를 올려놓았을 때 드는 느낌.

"오빠, 거기 서!"

잔잔해

파도가 치지 않는 것 같은 바다를 바라보았어.
'태풍이 오면 엄청 큰 파도가 치겠지?'

움직임이 거의 없거나 소리가 조용하고 나지막하다. **잔잔하다**

계속 불어오던 바람이 잦아들 때 드는 느낌.

물이 흐르지 않는 조용한 호수를 바라볼 때 드는 느낌.

엄마 옆에서 피아노 연주 음악을 감상할 때의 느낌.
'나도 엄마처럼 눈을 감고 들어 볼까?'

저려

세배한 뒤에 무릎을 꿇고 앉아 있었어.

피가 잘 통하지 못하여 느낌이 없고 움직이기 불편하다. `저리다`

버스에서 동생을 내 무릎 위에 앉혔을 때 드는 느낌.
'두 정거장만 더 가면 되니까 조금만 참자.'

팔을 괴고 누워 텔레비전을 볼 때의 느낌.
'자세를 바르게 하고 앉아서 봐야지.'

쪼그려 앉아서 공기놀이를 오래 할 때 드는 느낌.
'다리가 잘 안 펴지네.'

질겨

고기가 잘 끊어지지 않았어.

쉽게 끊어지거나 해지지 않고 견디는 힘이 있다.　　질기다

분식집에서 쫄면을 먹을 때 드는 느낌.
"엄마, 나 그냥 다른 거 먹을래!"

투명 테이프가 잘 끊어지지 않을 때 드는 느낌.
'아무리 당겨도 잘 안 끊어지네. 가위로 잘라야 하나?'

고무줄을 당길 때의 느낌.
'나중에 고무줄이 끊어져서 내 턱으로 튕겼다니까.'

질어

비가 오는 운동장을 걸었어.
'새로 산 운동화인데 흙이 엄청 묻었어.'

물기가 많다. **질다**

물을 많이 넣고 한 밥을 먹을 때 드는 느낌.

"이모, 이거 밥이야, 죽이야?"

아빠랑 같이 밀가루를 반죽할 때의 느낌.

"아빠가 물을 너무 많이 부었잖아!"

비가 막 그친 텃밭에 들어갔을 때 드는 느낌.

짜

해수욕장에서 누나랑 장난치며 물놀이하다가
바닷물을 먹었어.

소금 맛과 같은 느낌이 강하다. **짜다**

깻잎 김치 세 장을 한 번에 먹었을 때 드는 느낌.
'한 번에 하나씩만 먹어야 해.'

한참을 울다가 눈물이 입에 들어갔을 때의 느낌.

구운 김 다섯 장을 한 번에 먹었을 때 드는 느낌.

쪼글쪼글해

할머니 손을 만져 보았어.

"내가 로션 발라 줄게."

주름이 잡힌 데가 많다. `쪼글쪼글하다`

"엄마, 상자에 사과가 하나 남아 있어!"
오래된 사과를 만질 때 드는 느낌.

바람 뺀 물놀이 튜브를 볼 때 드는 느낌.
'물놀이장에 가고 싶어.'

세탁기에서 꺼낸 빨래를 만져 볼 때의 느낌.

쫄깃쫄깃해

엄마가 못 먹게 하는 라면을 먹었어.

씹히는 느낌이 퍽퍽하지 않고 끈기가 많다. **쫄깃쫄깃하다**

아빠가 구운 고기를 먹을 때 드는 느낌.

"역시 아빠가 구워 주는 게 최고야."

삶은 오징어를 씹을 때 드는 느낌.

할아버지가 농사지은 쌀로 만든 떡을 먹을 때의 느낌.

찌릿해

실수로 팔꿈치를 책상 모서리에 부딪쳤어.
'으윽, 전기가 오는 것 같아.'

갑자기 세게 저린 느낌이 들다. **찌릿하다**

방문턱에 발가락을 찧었을 때의 느낌.

축구 경기에서 골을 넣은 친구와
손바닥을 세게 마주 쳤을 때 드는 느낌.
'으악, 너무 세게 부딪쳤나 봐!'

얼음물을 벌컥벌컥 빨리 마실 때 드는 느낌.

차가워

겨울에 밖에서 동생이랑 같이 놀다가

동생 얼굴을 만져 보았어.

서늘하고 찬 느낌이 살에 닿다. **차갑다**

겨울에 보일러를 켜지 않은 방바닥을 만져 볼 때의 느낌.

눈송이를 맨손으로 받을 때 드는 느낌.
'내가 아프지 않게 받아 줄게.'

발을 헛디뎌서 개울물에 빠졌을 때 드는 느낌.
'다행히 다치지는 않았어.'

촉촉해

언니와 함께 목욕하고 나란히 앉아
머리를 말리면서 머리카락을 만져 보았어.

조금 젖은 듯하다. **촉촉하다**

이슬 맺힌 풀잎을 만져 볼 때 드는 느낌.
'물방울이 내 손으로 옮겨 앉네.'

막 씻고 나온 동생을 만져 볼 때의 느낌.

봄비가 내린 텃밭을 바라볼 때 드는 느낌.

촘촘해

시골 할머니 집에서 밤하늘에 잔뜩 뜬 별을 보았어.
'하늘에서 별이 막 쏟아질 것만 같아.'

틈이나 간격이 아주 좁거나 작다. **촘촘하다**

찐 옥수수를 볼 때 드는 느낌.
'알맹이들이 빈틈없이 붙어 있네.'

머리빗에 달린 빗살을 볼 때의 느낌.

복슬복슬한 강아지 털을 볼 때 드는 느낌.

출출해

아침밥 안 먹겠다고 우기고 학교에 갔어.

'엄마 말 들을걸. 달걀찜 맛있는데.'

배가 고픈 느낌이 있다. **출출하다**

아직 2교시밖에 되지 않았는데
배에서 꼬르륵 소리가 날 때 드는 느낌.

축구를 하고 나서 치킨 가게 앞을 지나갈 때의 느낌.
'아, 먹고 싶다.'

저녁밥 먹은 지 얼마 안 되어 또 뭔가가 먹고 싶을 때의 느낌.
'아빠 말대로 회충약을 먹어야 하나?'

평평해

책상 아래로 떨어진 연필을 줍다가

교실 바닥을 바라보았어.

바닥이 고르고 판판하다. **평평하다**

싱크대 위에 놓인 도마를 볼 때 드는 느낌.

스케이트장을 바라볼 때의 느낌.

엎드려 자는 아빠의 등을 볼 때 드는 느낌.
'저기에 한번 누워 볼까?'

포근해

엄마, 아빠가 웃으면서 안아 주었어.
'엄마, 아빠 딸이라서 참 행복해.'

보드랍고 따뜻하여 편안한 느낌이 있다. **포근하다**

언니랑 같이 새 이불을 덮고 있을 때 드는 느낌.

햇살이 드는 거실 창가에 앉아 있을 때 드는 느낌.

겨울에 날도 따뜻하고 바람도 불지 않을 때 드는 느낌.
'새봄이 오면 난 한 학년 높아지겠지.'

푹신해

새로 산 침대에 누웠어.

'지붕을 뚫고 날아오를 것 같아.'

부드럽고 탄력이 있다. **푹신하다**

아빠 배를 베고 누웠을 때 드는 느낌.
'코만 골지 않는다면 딱 좋은데.'

두꺼운 방석을 깔고 앉았을 때의 느낌.

소파에 누워 텔레비전을 볼 때 드는 느낌.
'에헴, 아빠 자세로 누워 볼까?'

향긋해

엄마 생일날 아빠가 사 온 꽃을
꽃병에 꽂아 거실에 두었어.

은근히 향기로운 느낌이 있다. | **향긋하다**

"이게 냉이라고 했지?"

아빠랑 같이 봄나물을 다듬을 때 드는 느낌.

엄마가 식탁에 올려 둔 모과 냄새를 맡을 때 드는 느낌.

"엄마, 내 손에서도 뭔가 좋은 냄새가 나!"

나를 안고 얘기하다 스르륵 잠이 든

엄마의 냄새를 맡아 볼 때의 느낌.

'엄마 냄새를 맡으면 편안해져.'

헐렁해

형이 입던 바지를 물려받아서 입었어.

크기가 잘 맞지 않아 헐거운 듯한 느낌이 있다.　**헐렁하다**

걸어가는데 양말이 자꾸 흘러내릴 때 드는 느낌.

'양말 고무줄이 끊어진 건가?'

아빠 구두를 신어 볼 때의 느낌.

'우리 아빠는 마음도 크고 발도 커.'

아빠가 쓰고 있던 모자를 벗어 나한테 씌워 줄 때 드는 느낌.

'우리 아빠는 머리도 크구나!'

환해

비가 그치고 해가 떴어.

'창틀에 앉은 햇살이 나랑 같이 운동장을 보고 있어.'

아주 또렷하게 밝거나 앞을 가리는 것이 없어서 넓고 시원스럽다.　　환하다

내 방 창가에 보름달이 놀러 왔을 때 드는 느낌.

산꼭대기에 올라가 아래를 내려다볼 때의 느낌.
'우리 동네가 한눈에 다 보여!'

아침에 일어나 커튼을 걷었을 때 드는 느낌.
'내 마음처럼 맑은 아침이야.'